Josef Dreher / Reiner Pfaffendorf (Hrsg.)

MOMEL KANN SCHREIBEN
Arbeitsheft Druckschrift 3

Illustriert von Hendrik Kranenberg

Ernst Klett Verlag
Stuttgart · Leipzig

Momel ist auf der Jagd nach **J** und **j**. Suche 10 **J** und 10 **j**! Male **J** rot an und **j** blau an!

J j

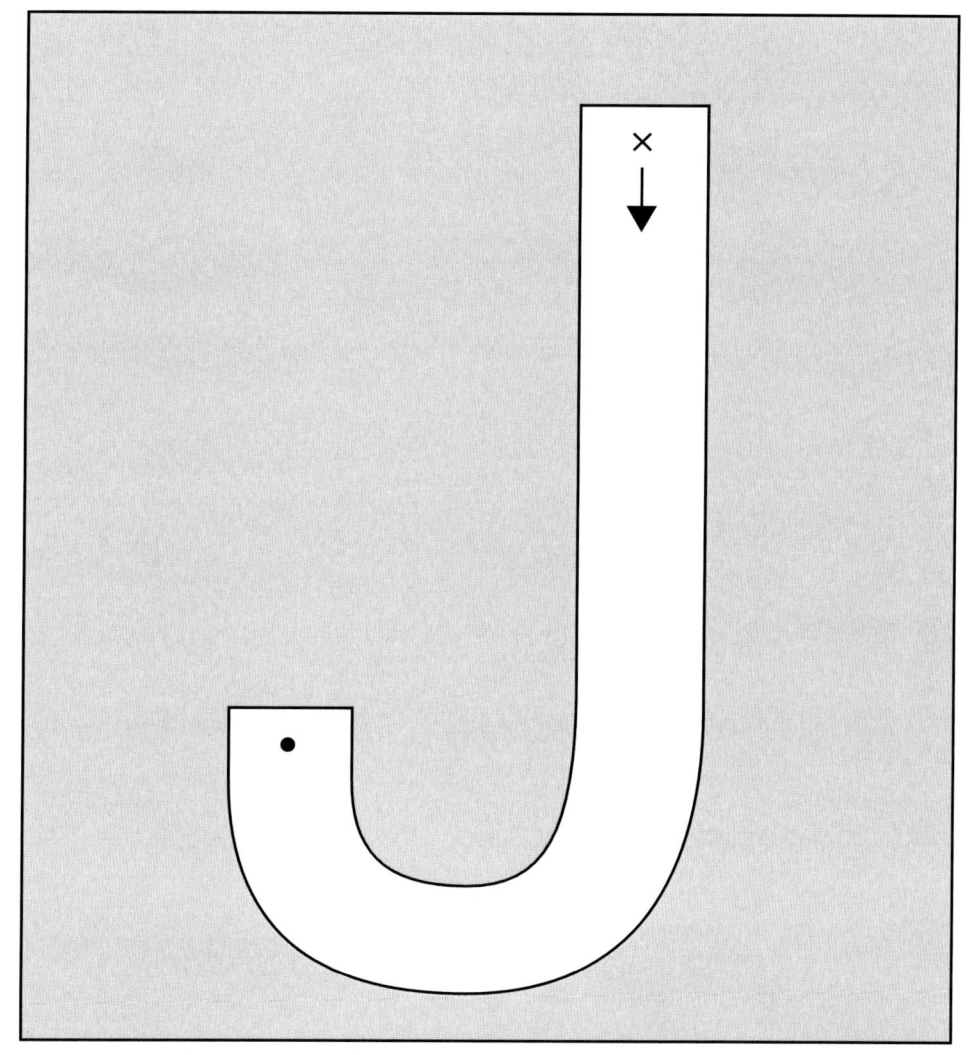

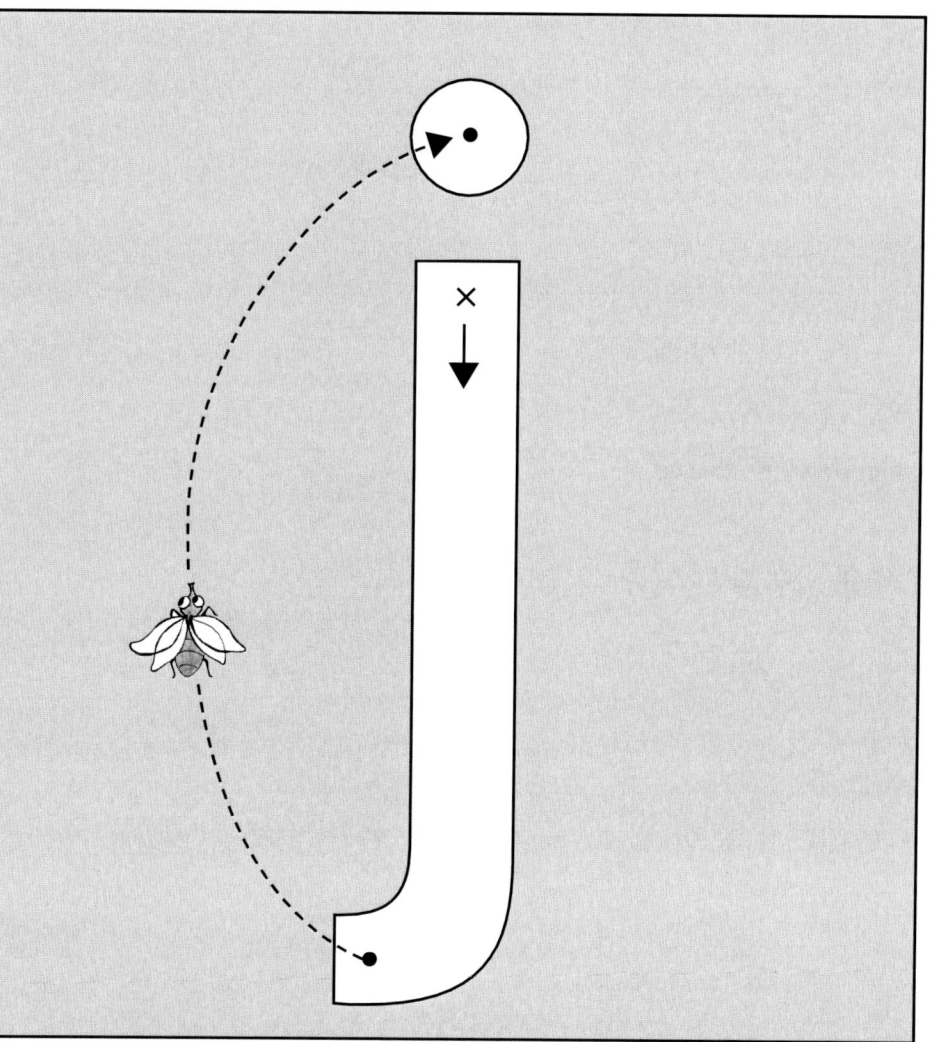

3

 Spure nach und fülle die Zeilen auf!

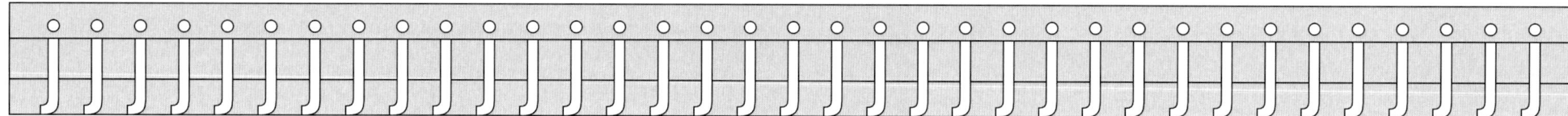

Graphomotorische Übung

Schreibe und fülle die Zeilen auf!

Jj Jj

jj jj

Jj Jj Jj

Juli

Juni

Jagd

Festigung

J j

jubeln

jagen

jung

jeder

Joschi

Joschi wird Sieger.

Alle jubeln.

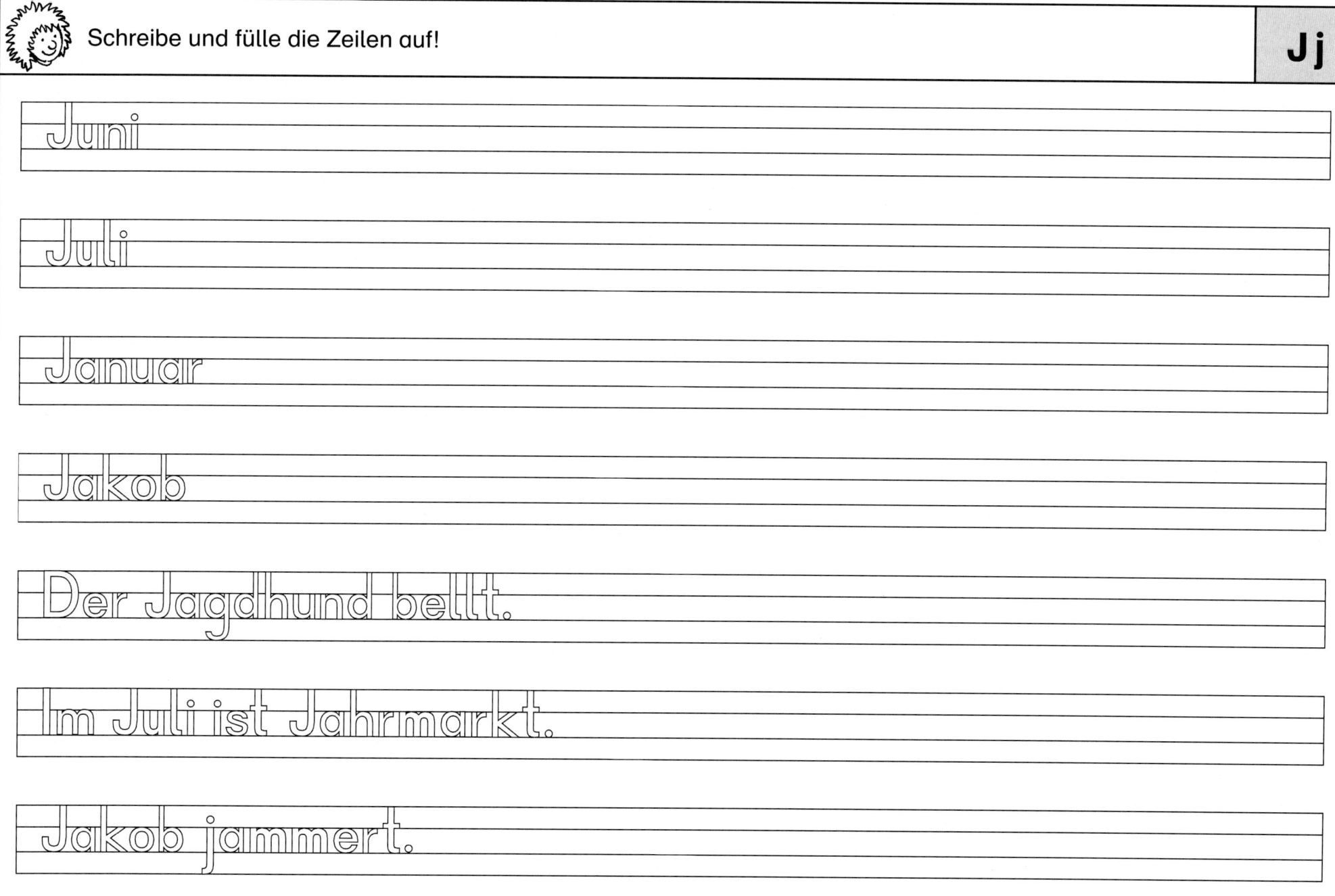

Juni

Juli

Januar

Jakob

Der Jagdhund bellt.

Im Juli ist Jahrmarkt.

Jakob jammert.

Schreibe die Sätze in die Zeilen! **J j**

Jeder will zum Jahrmarkt.

Jeder will Joschi, Jakob und Jolanda sehen.

Joschi grunzt und will nicht laufen.

Die Zuschauer jubeln.

Joschi rennt und wird Sieger.

Jedes Schwein bekommt einen Preis.

Joschi schmeckt der Preis gut.

ck

nicken

entdecken

Bauer Jockel nickt.

Die Ziege meckert.

Die Gans zwickt.

Die Henne gackert.

Ä

ä

Märchenbuch

Mädchen

Bär

Der Bär war im Käfig.

Ö

ö

König

Löwe

Töne

Der Löwe hört die Flöte.

Alle sind erlöst.

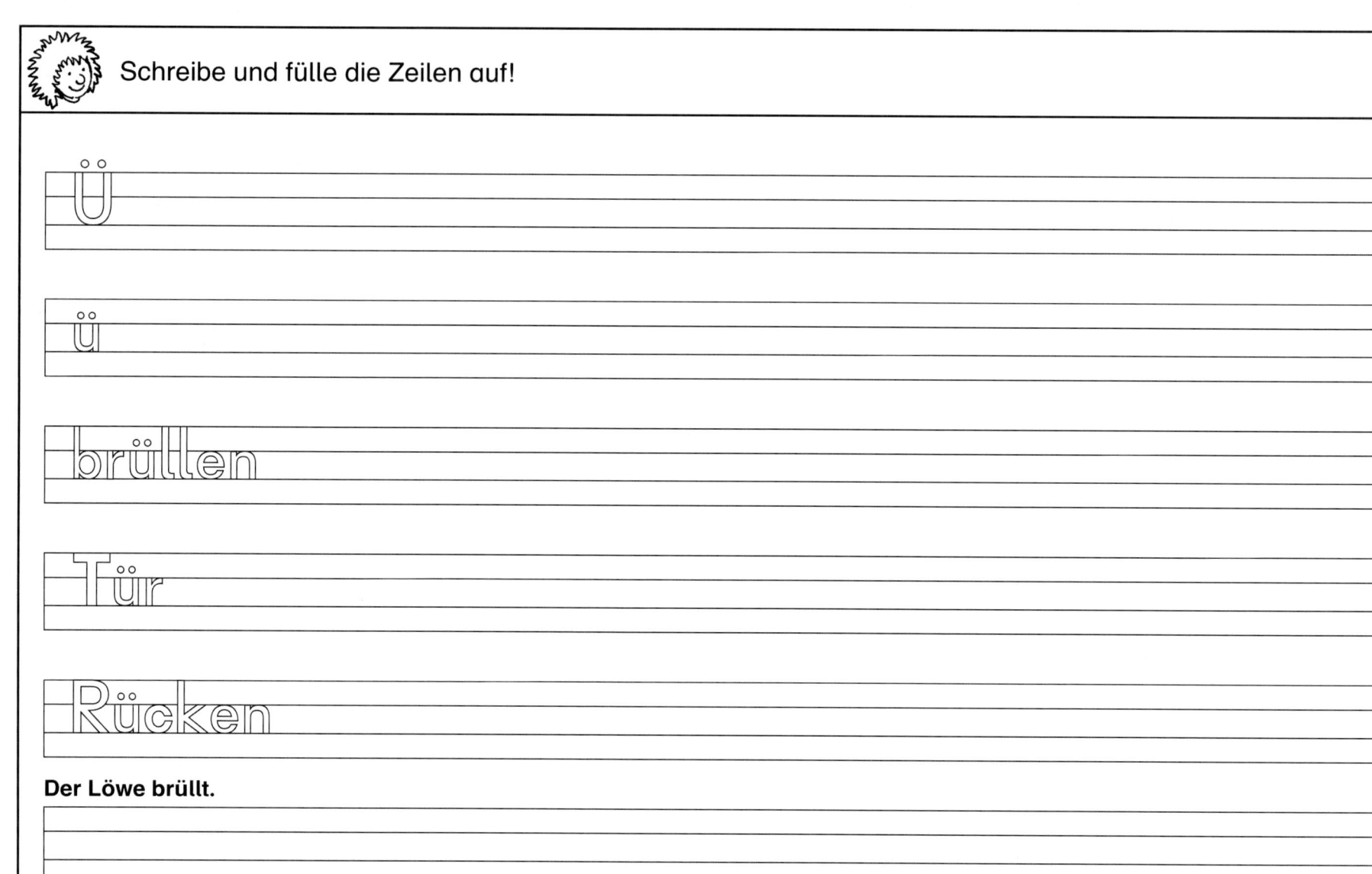

Ü

ü

brüllen

Tür

Rücken

Der Löwe brüllt.

Der Schlüssel öffnet die Tür.

Vertiefendes Übungsblatt

 Schreibe und fülle die Zeilen auf!

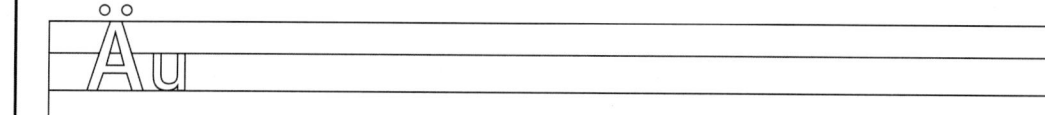

Äu

äu

Bäume

Kräuter

Äuglein

Im Beet sind Kräuter.

Bäume haben Zweige.

Vertiefendes Übungsblatt

Momel und Lilo malen Vögel. Lilo malt sorgfältig. Momel malt schnell. Male alle **V** und **v** aus!

V v

14

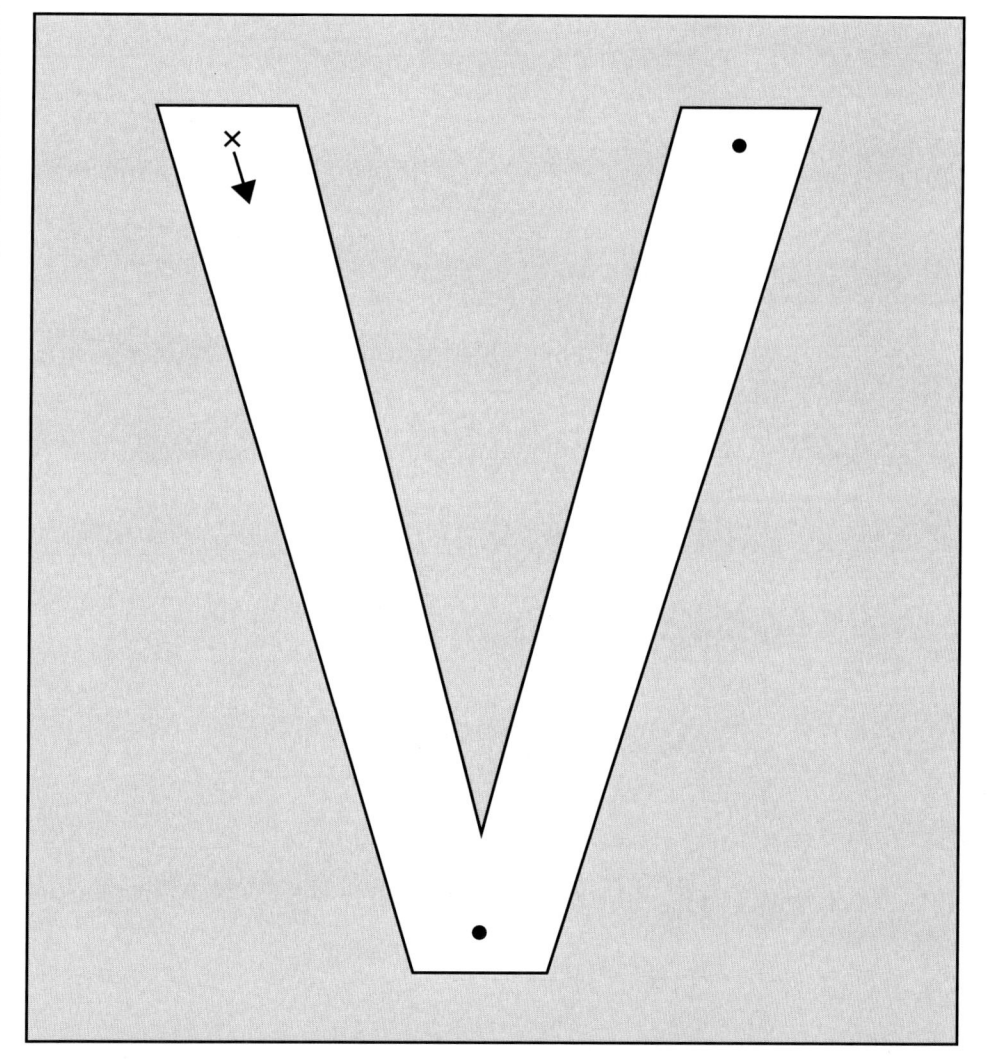

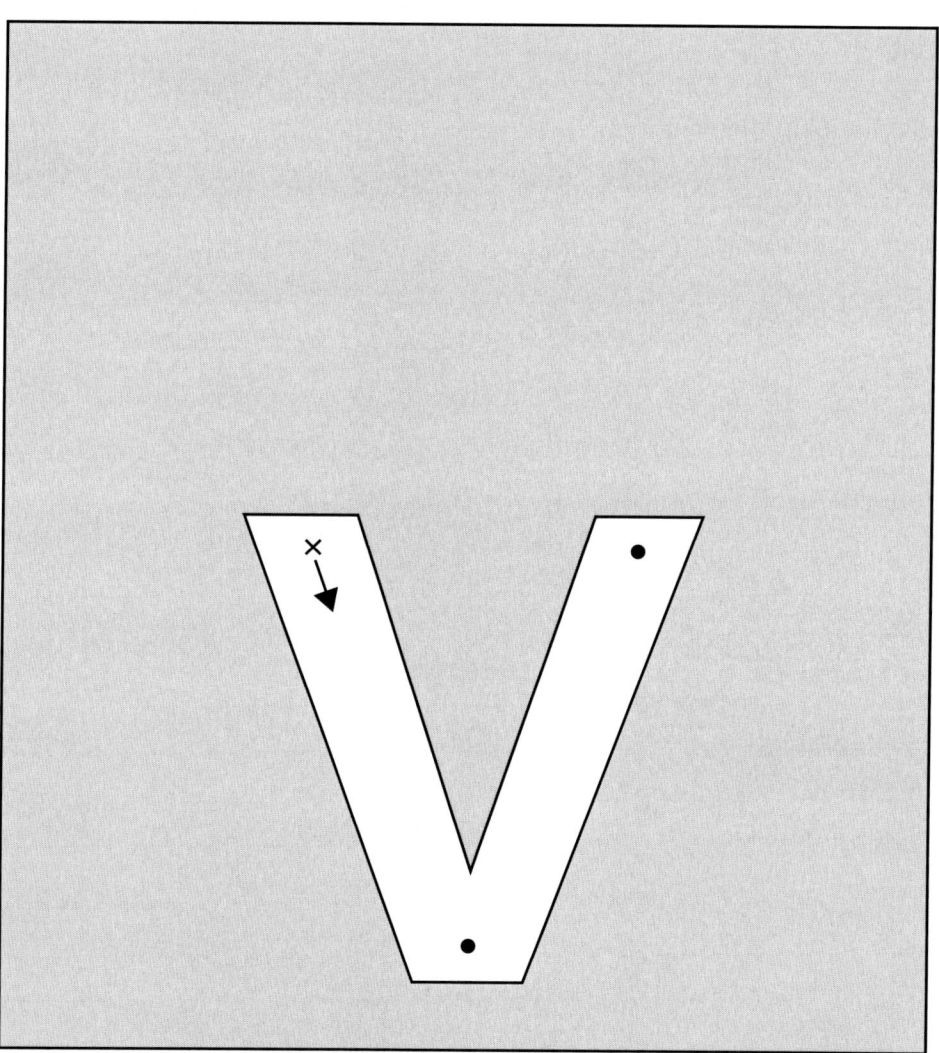

V v

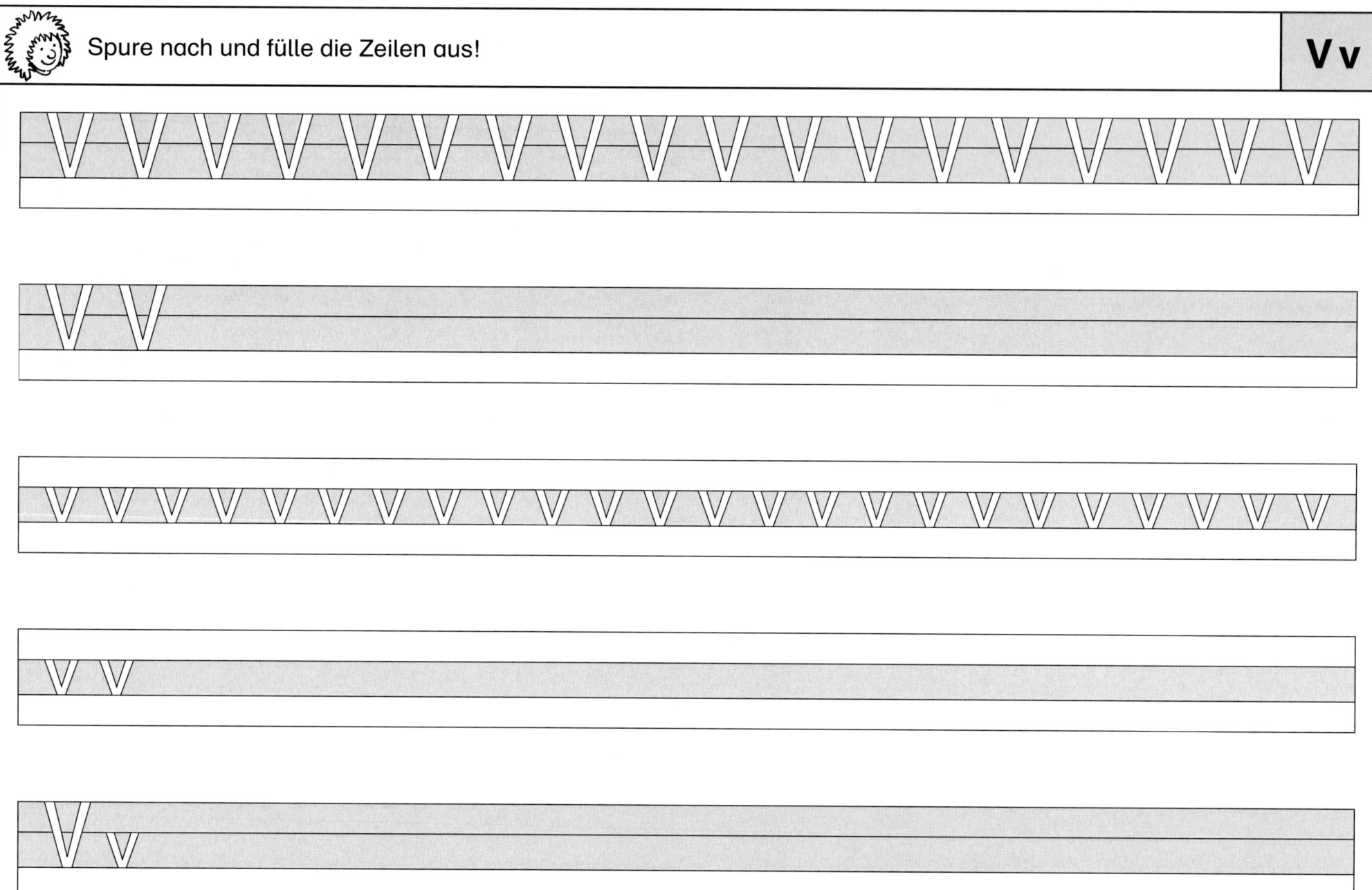

Graphomotorische Übung

Schreibe und fülle die Zeilen auf!

V v

V V

v v

V v V v

Vase

Vogel

vier

Vogel

Vater

Vulkan

verlaufen

verlieren

vor

vorne

V v

Vorhang

Vase

Vampir

Vater ist nett.

Der Vulkan bricht aus.

Der Vogel ist verwundet.

Volker ist Vogelwart.

Unter der Hecke liegt ein Vogel.

Er ist verwundet.

Die Kinder holen den Vater.

Vater hebt den Vogel hoch.

Er ist vorsichtig.

Sie bringen den Vogel zu Volker.

Volker ist Vogelwart.

St st

St

st

Steffi

Stefan

trösten

Stefan hat einen Stock.

Momel stöhnt.

Schreibe und fülle die Zeilen auf!

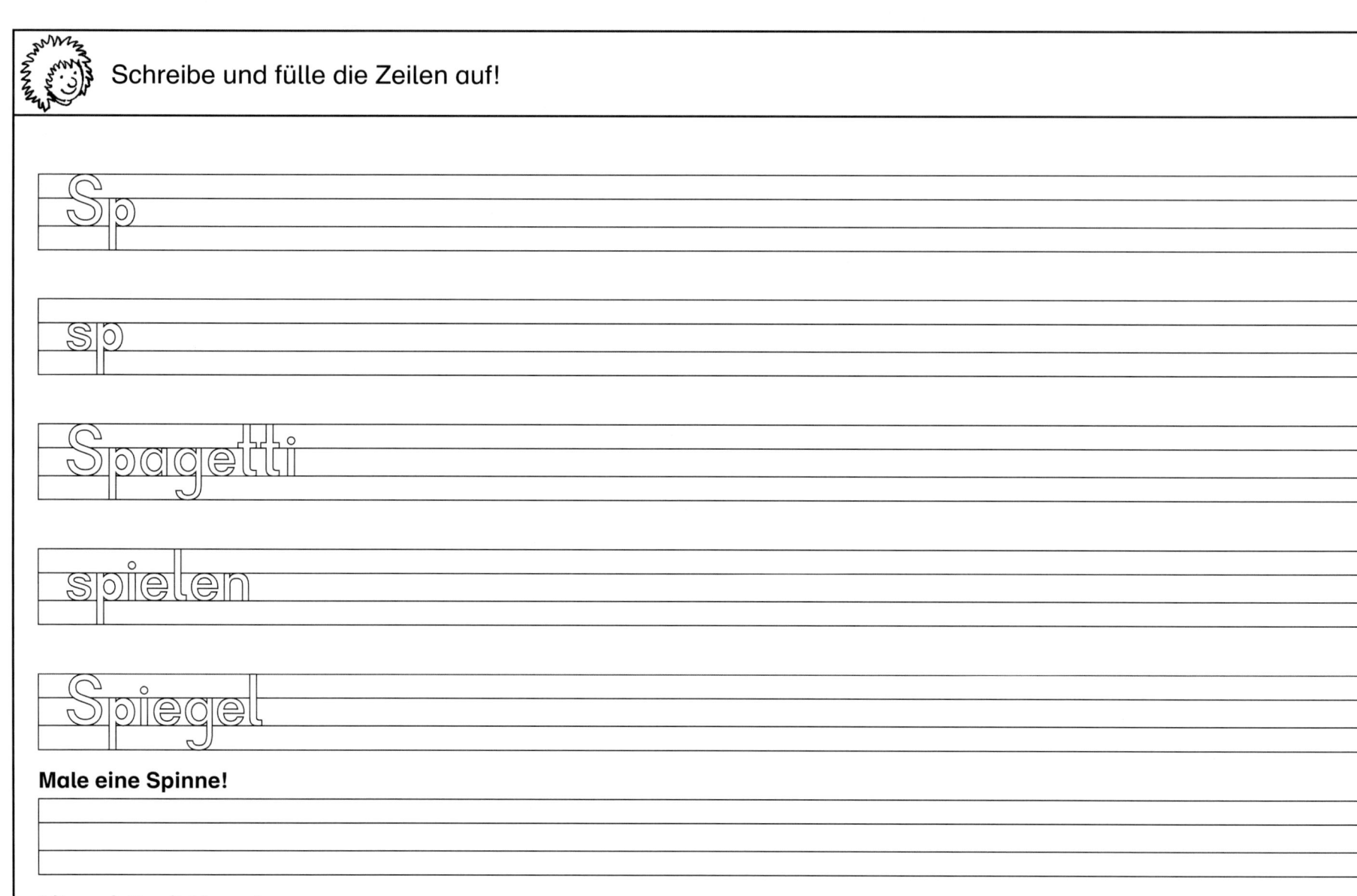

Sp

sp

Spagetti

spielen

Spiegel

Male eine Spinne!

Lilo spielt mit Momel.

Vertiefendes Übungsblatt

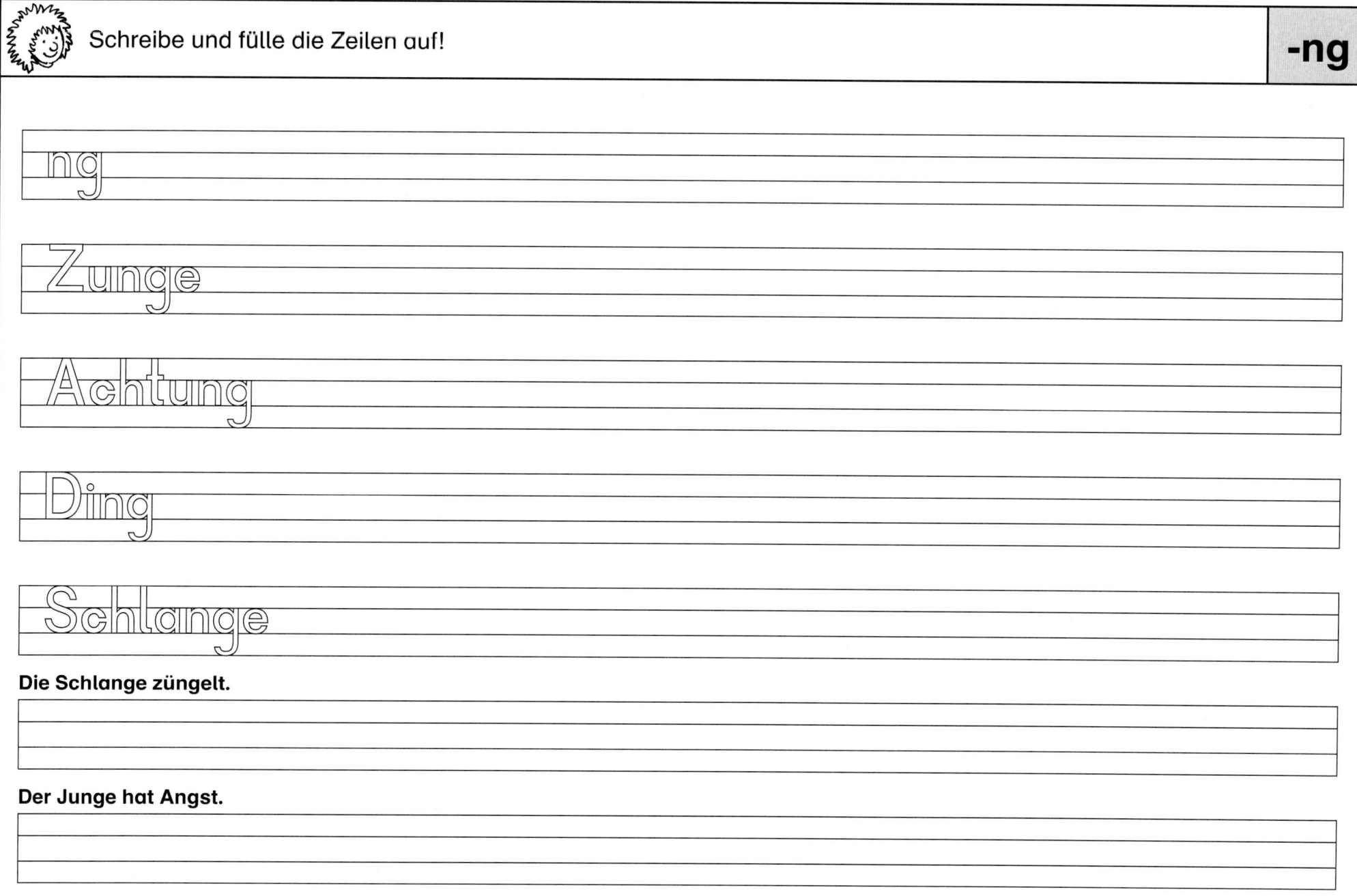

ng

Zunge

Achtung

Ding

Schlange

Die Schlange züngelt.

Der Junge hat Angst.

Pf pf

Pf

pf

Pferd

Topf

Pferdeäpfel

Das Pferd ist groß.

Das Pferd frisst Hafer.

Vertiefendes Übungsblatt

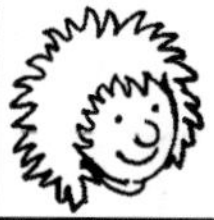

Schreibe und fülle die Zeilen auf!

-tz

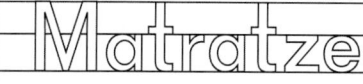

tz

Blitz

Hitze

witzig

flitzen

Matratze

Momel ist auf dem Parkplatz.

 Momel taucht nach Quallen. Male die **Qu** und **qu** aus!

Q Qu qu Qu qu

Vorübung

Schreibe **Qu** und **qu** mit vielen Farben!

Schreibe **Qu** und **qu** mit vielen Farben!

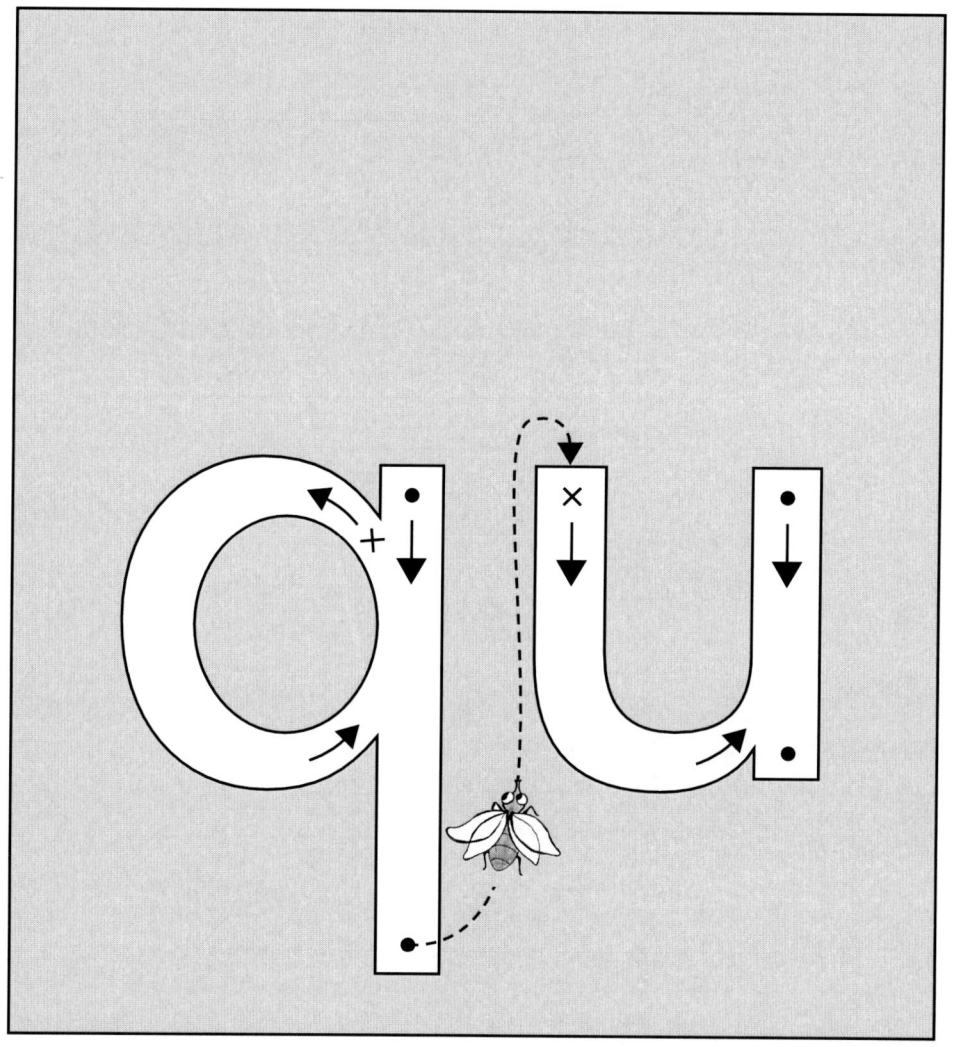

Formerfassung

 Spure nach und fülle die Zeilen auf!

Qu qu

Qu Qu Qu Qu Qu Qu Qu Qu Qu Qu Qu

Qu Qu

qu qu qu qu qu qu qu qu qu qu qu qu qu qu qu qu

qu qu

Qu qu

Graphomotorische Übung

Schreibe und fülle die Zeilen auf!

Qu Qu

qu qu

Qu qu

Quark

quaken

Quelle

Festigung

Qu qu

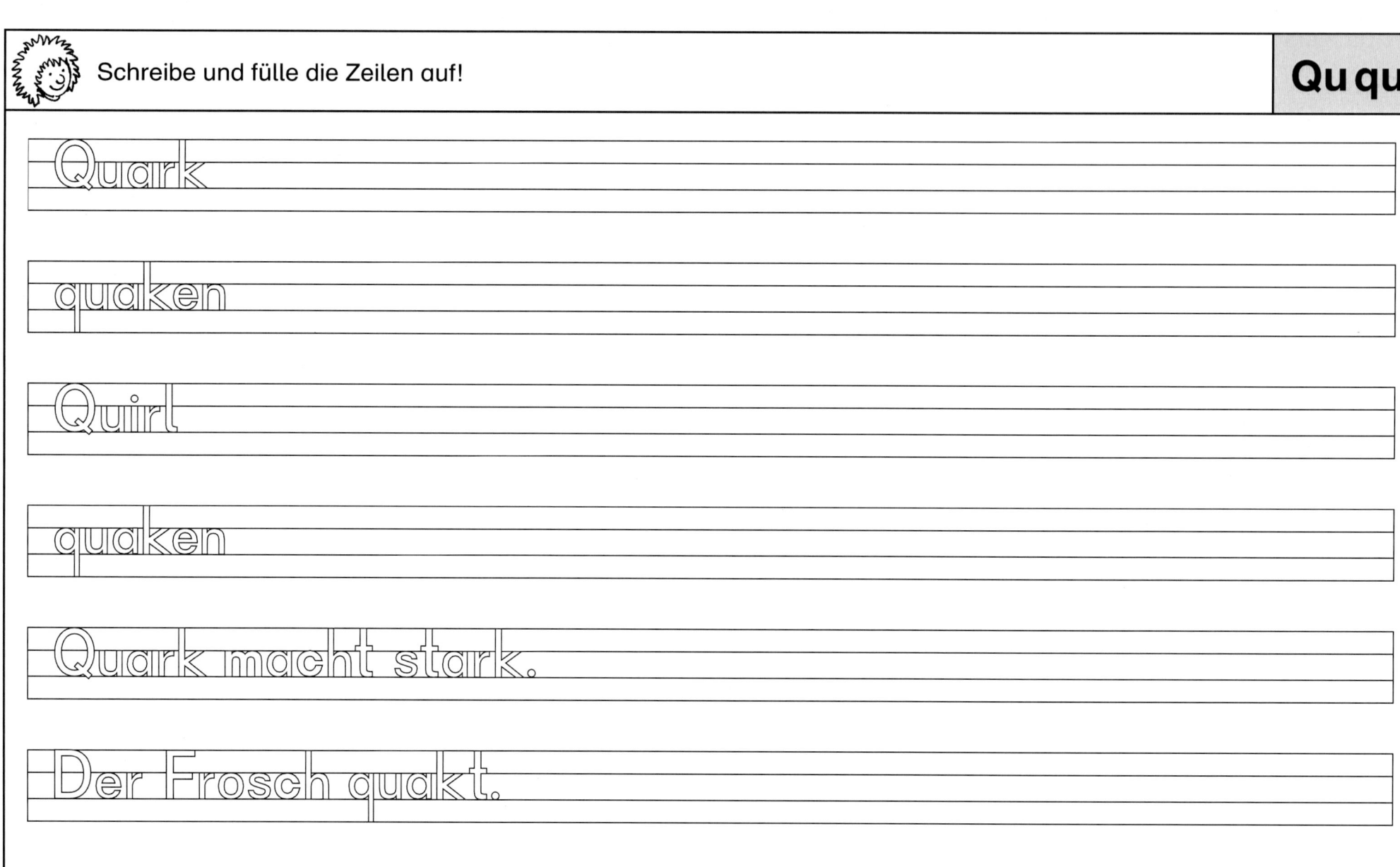

Quark

quaken

Quirl

quaken

Quark macht stark.

Der Frosch quakt.

Quellwasser ist klar.

Qu qu

Momel rührt Quark.

Alle wollen Erdbeerquark.

Momel nimmt den Quirl.

Er singt: Quirle, quarle, quo.

Der Quark schmeckt prima.

Alle loben Momels Quark.

Momel quirlt morgen wieder Quark.

Anwendung

 Momel meißelt römische Zahlen. Male die **X** und **x** aus!

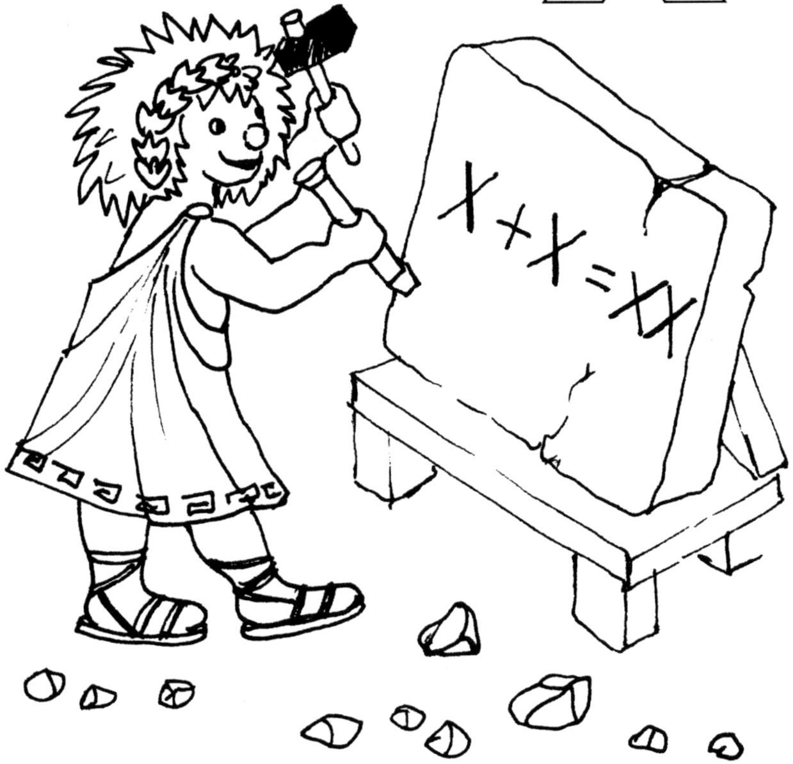

X x

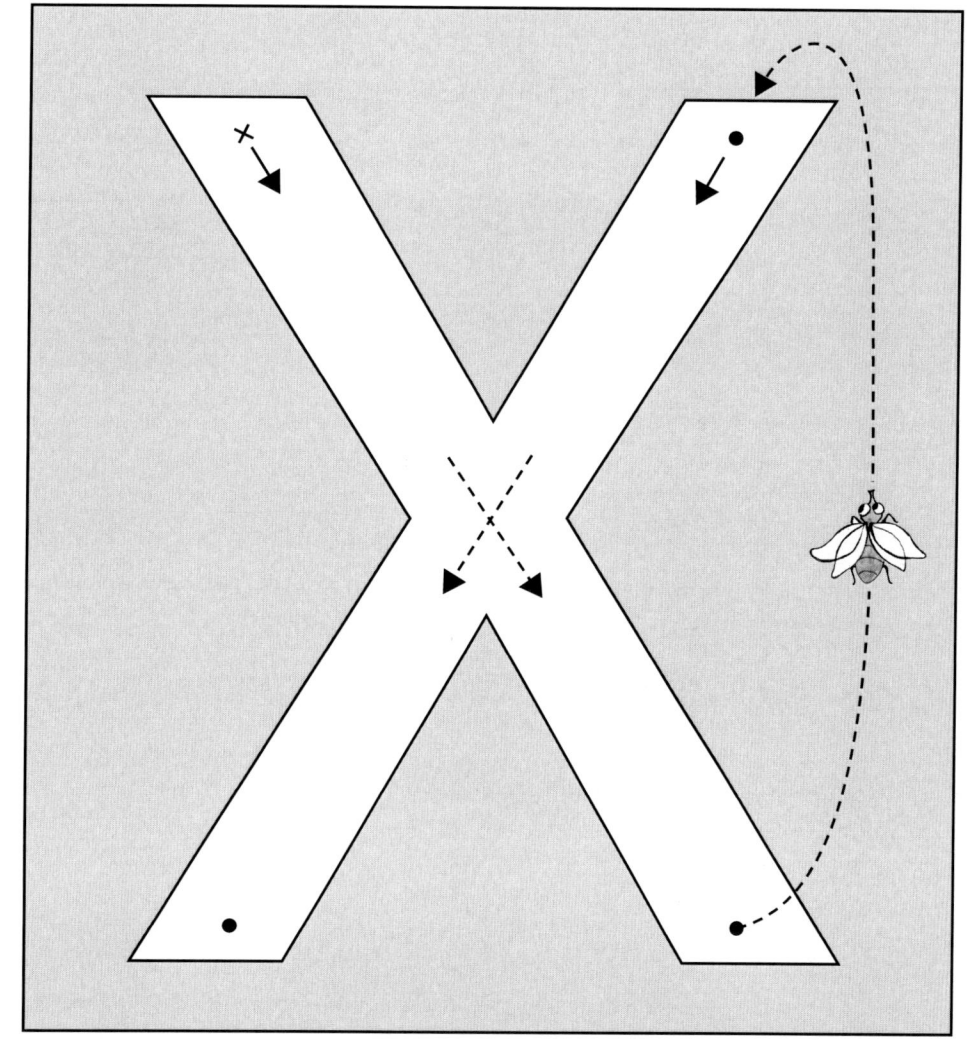

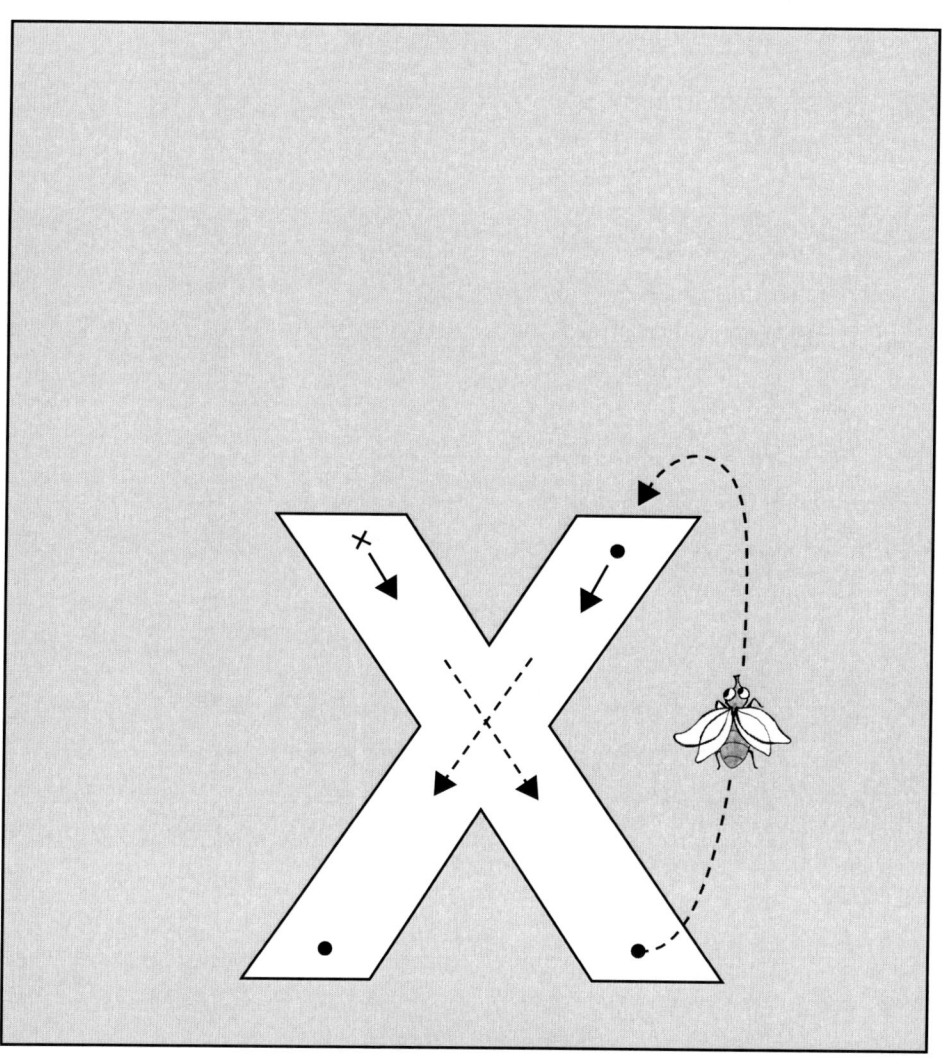

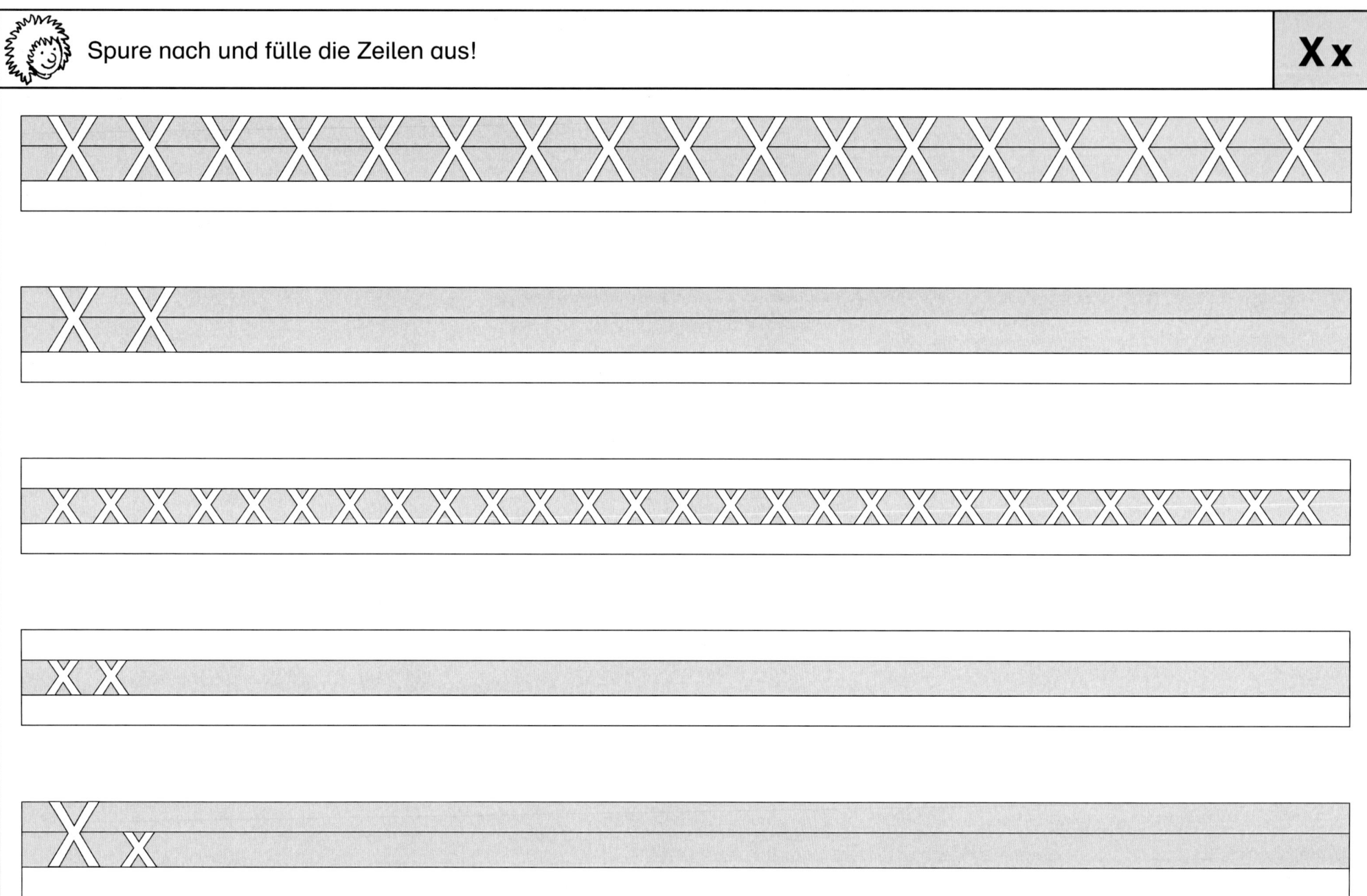

Graphomotorische Übung

Schreibe und fülle die Zeilen auf!

X x

X X

x x

X x

Xaver

Nixe

Hexe

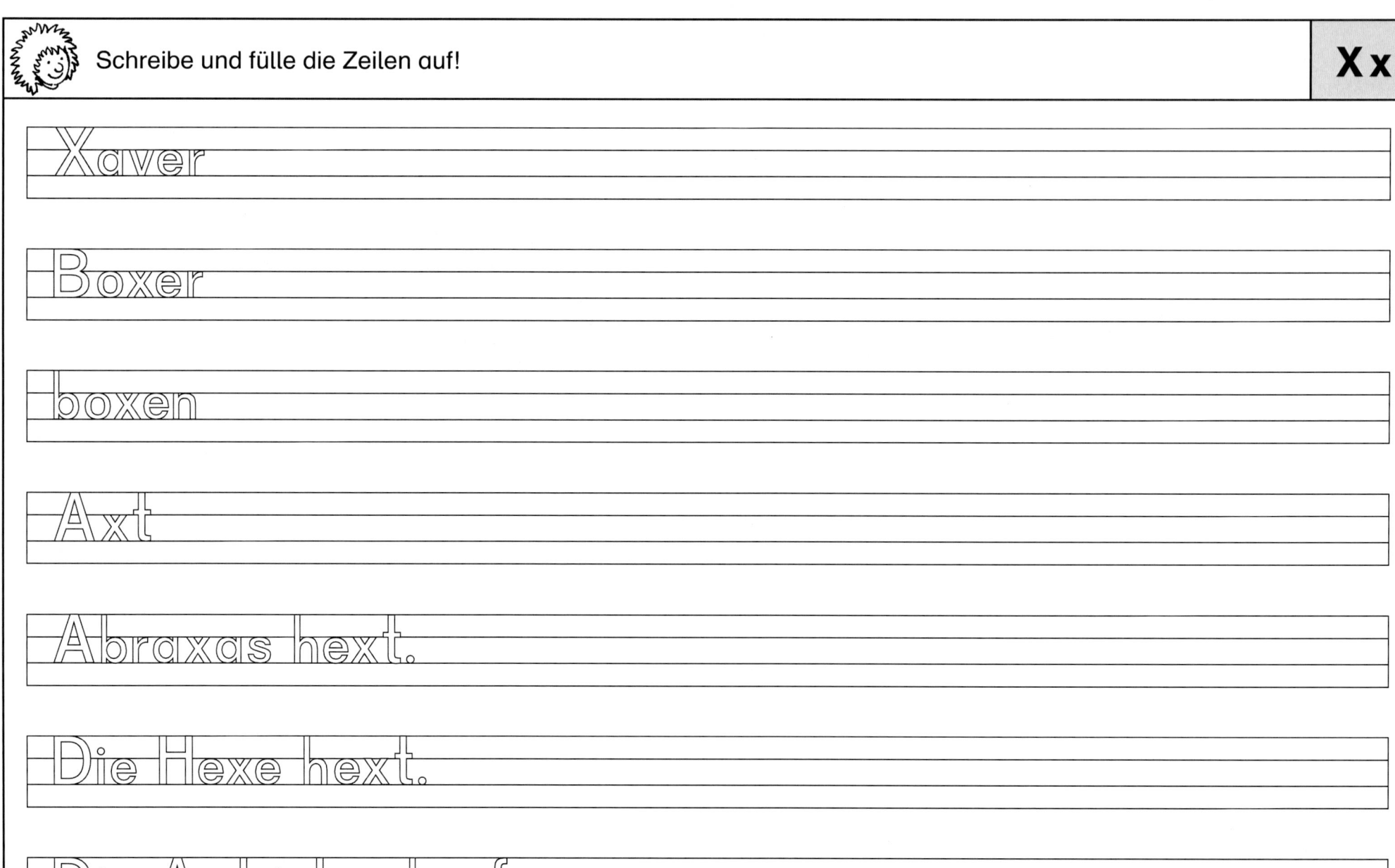

Xaver

Boxer

boxen

Axt

Abraxas hext.

Die Hexe hext.

Die Axt ist scharf.

Festigung

X x

Max, Lilo und Momel spielen.

Lilo ist die Hexe.

Momel ist Abraxas.

Max ist der Räuber Xaver.

Abraxas zaubert die Axt weg.

Xaver ruft: Verflixt!

Die Hexe zaubert die Axt zurück.

Anwendung

chs

Fuchs

Dachs

Luchs

Eidechse

Lachs

Der Fuchs ist müde.

Vertiefendes Übungsblatt

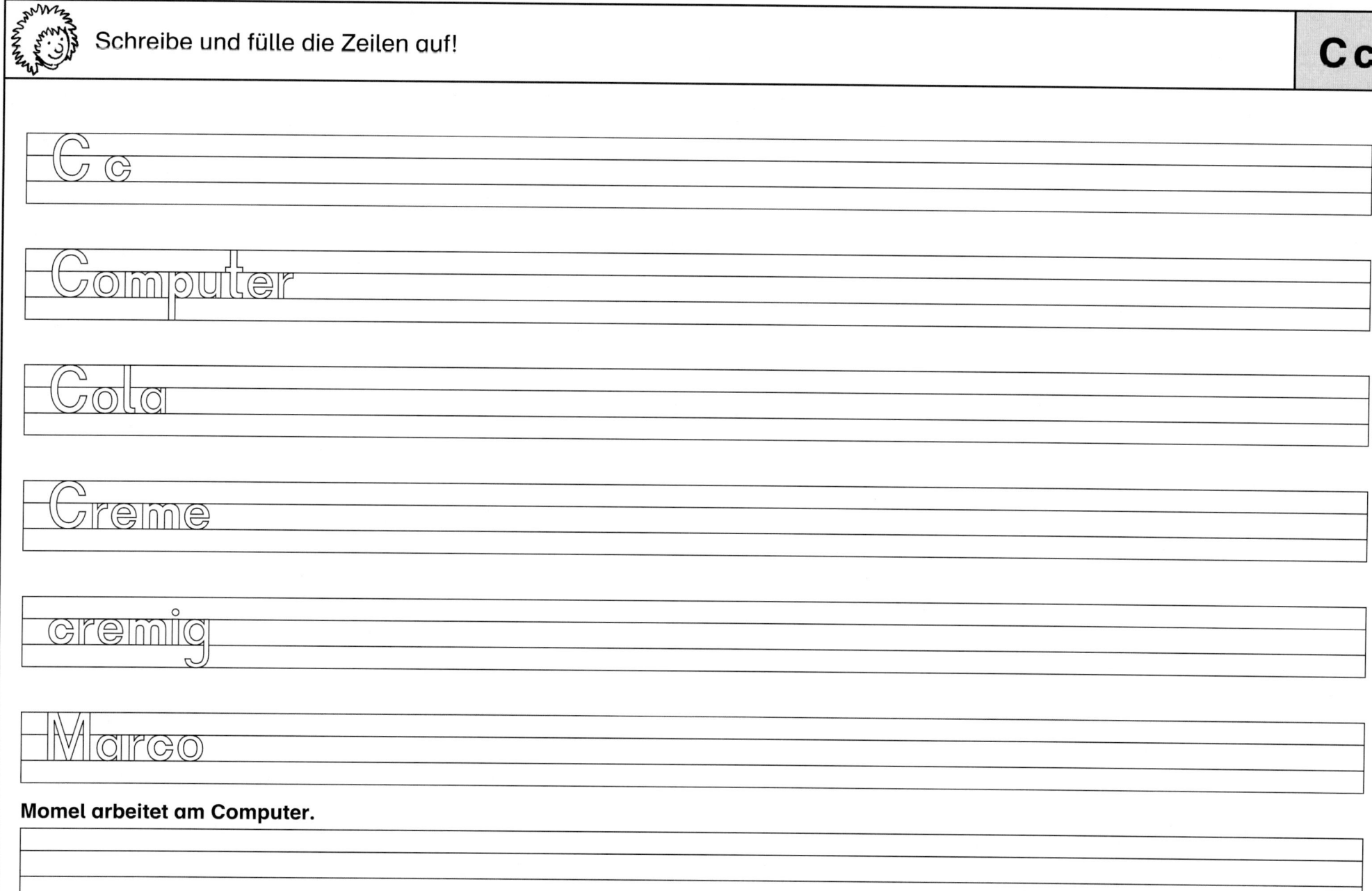

C c

Computer

Cola

Creme

cremig

Marco

Momel arbeitet am Computer.

 Schreibe und fülle die Zeilen auf!

Ch ch

Ch ch

Chor

Chinese

Christian

Chemie

chemisch

Christian singt im Chor.

Vertiefendes Übungsblatt

 Momel ist im Zauberwald. Male das Bild bunt aus! Male alle **Y** und **y** blau aus!

Y y

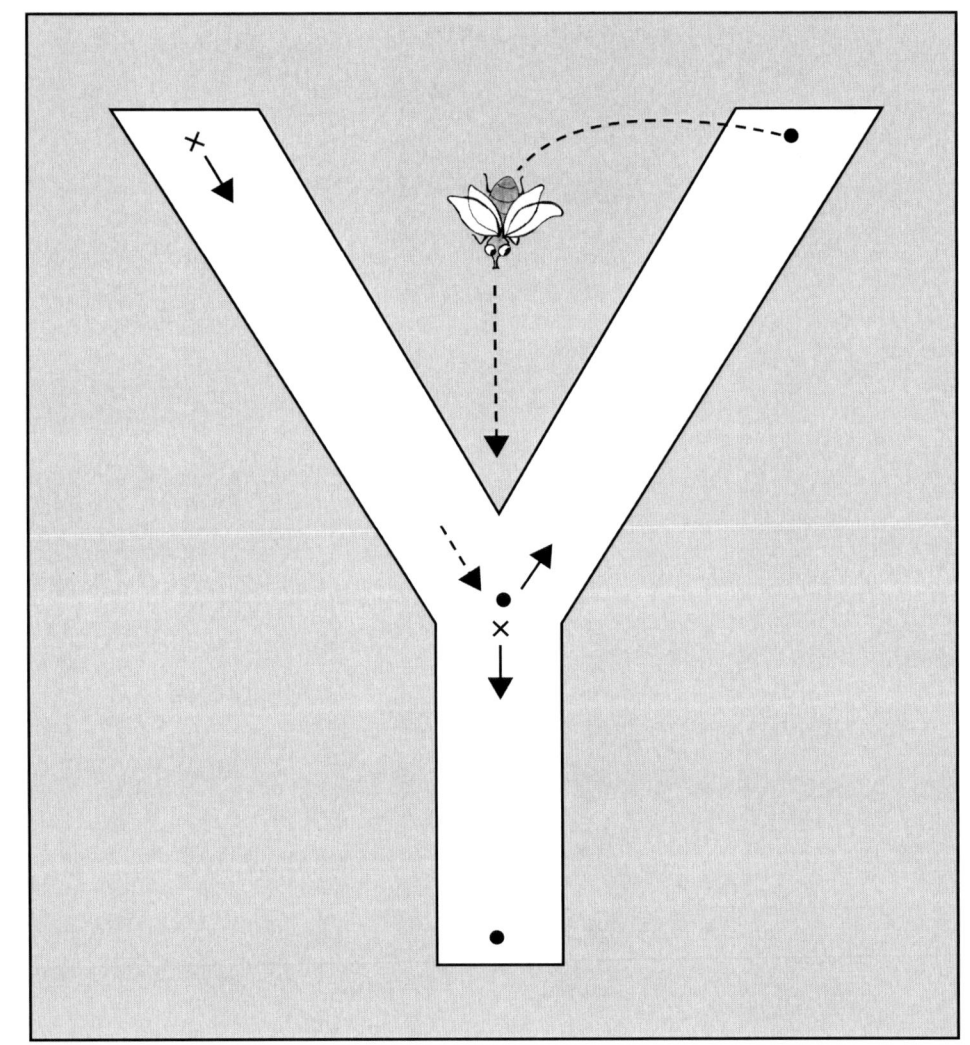

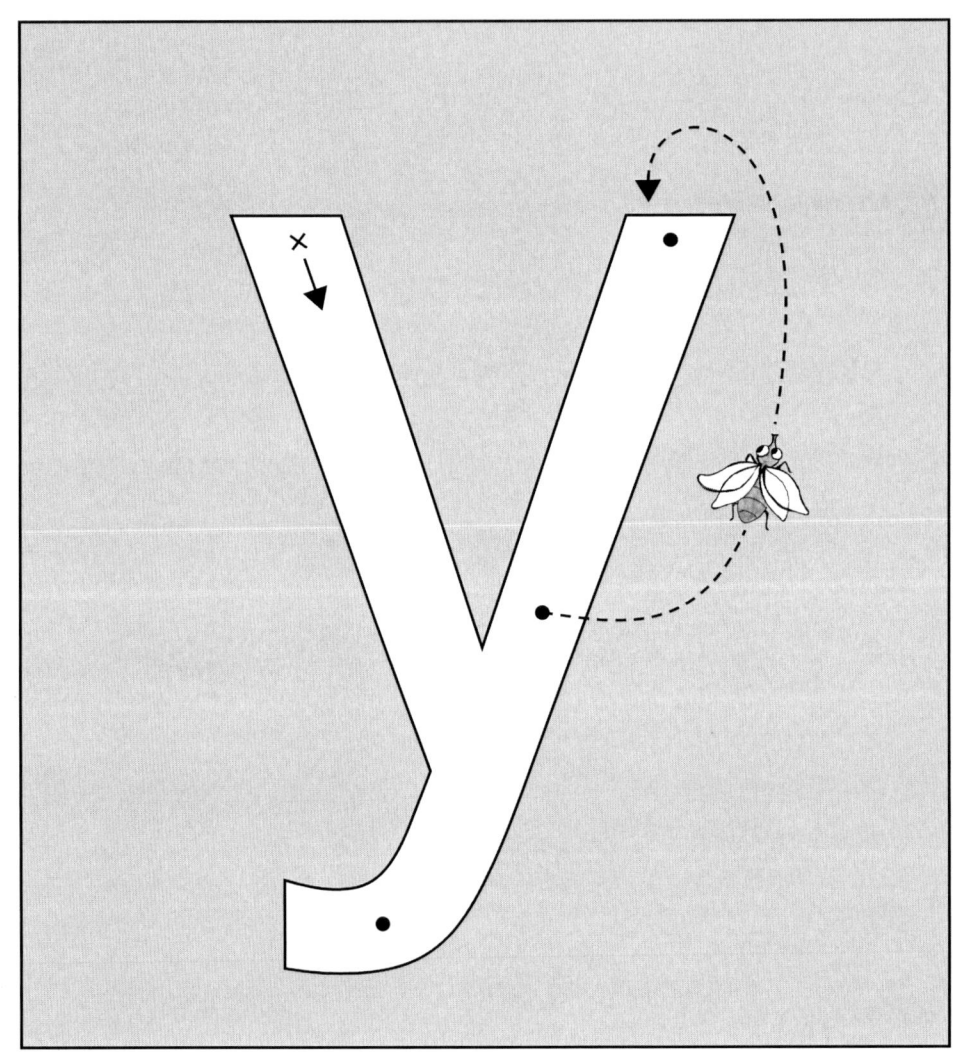

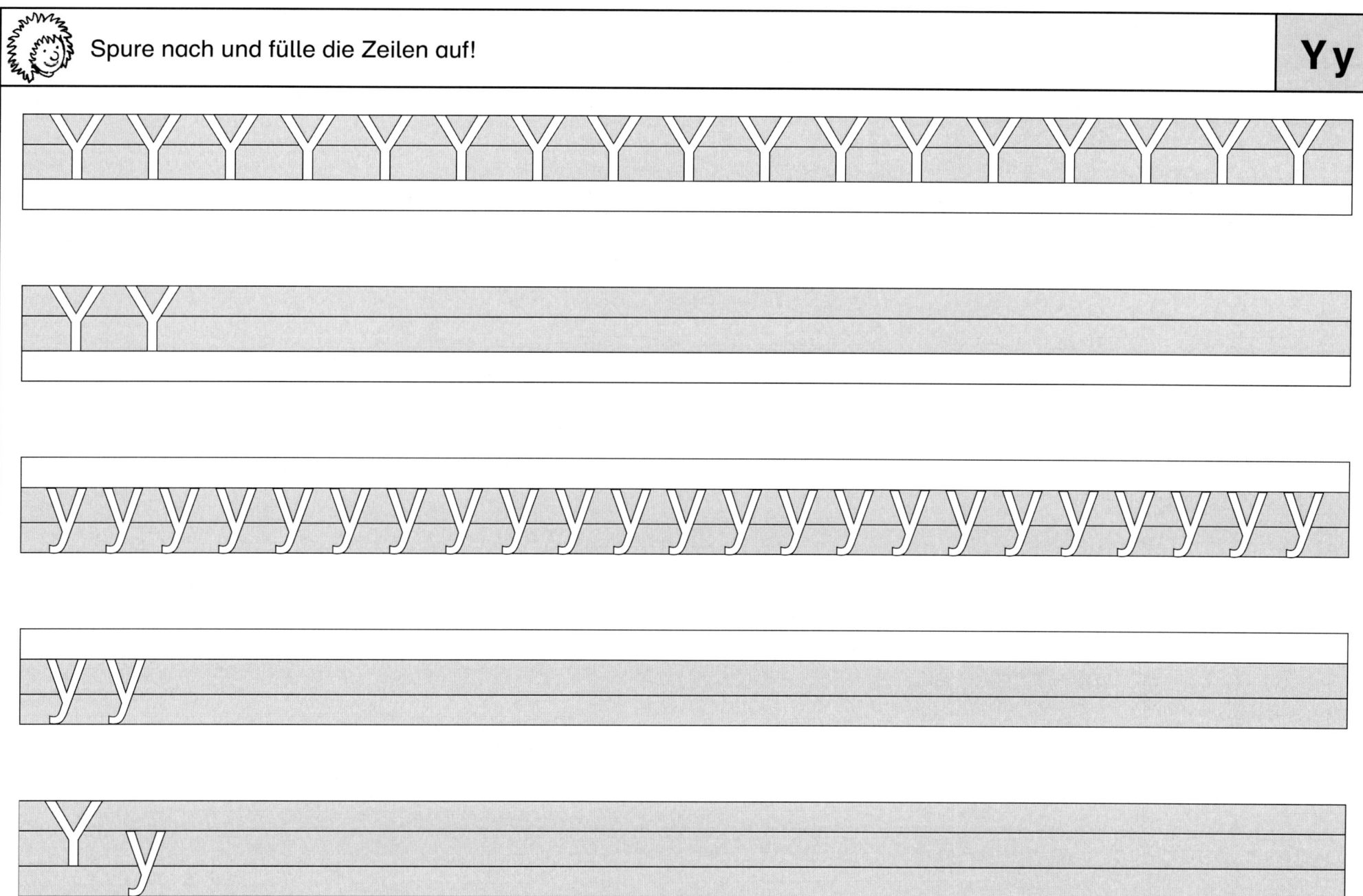

Spure nach und fülle die Zeilen auf!

Y y

43

Graphomotorische Übung

Y Y

y y

Yy Yy

Hobby

Pony

Boy

Schreibe und fülle die Zeilen auf!

Y y

Y y

Hobby

Pyramide

Dynamo

Der Zylinder ist groß.

Teddy brummt.

Gymnastik ist gesund.

Schreibe die Sätze in die Zeilen!

Y y

Momel ist ein Baby.

Mama erzählt vom Pony.

Das Pony sucht die Pony-Mama.

Das Pony hat Heimweh.

Lilos Hobby ist Gymnastik.

Pyramiden sind in Ägypten.

Das Ypsilon ist ein Buchstabe.

Anwendung

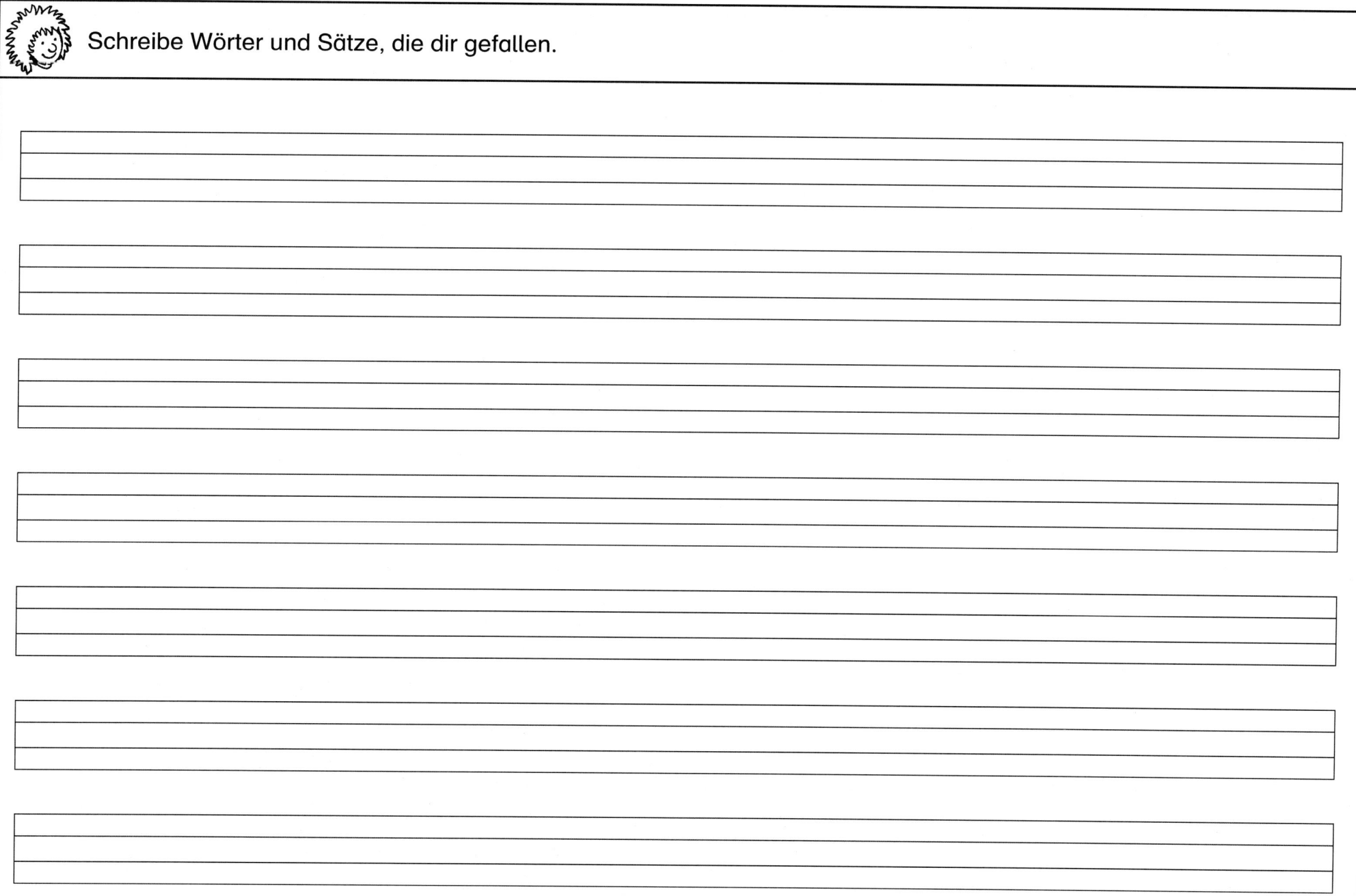

Schreibe Wörter und Sätze, die dir gefallen.

Schreibe Wörter und Sätze, die dir gefallen.

Anwendung